AF370967

RÉGLEMENT
D'ÉDUCATION NATIONALE.

» Un établiſſement qui devient tous les jours plus néceſſaire. »

Profps. de la Maiſ. d'Educ. pour les Dlles.
à Lambeſc par M. l'Archev. d'Aix.

LE défaut total d'éducation des Jeunes-hommes, au ſortir des Colleges, inſtitutions barbares autant qu'idiotes, leur donne une égale avidité, ſoit pour les lumieres, ſoit pour les plaiſirs, quelquefois pour les uns & les autres enſemble ; ce qui fait des hommes auſſi vicieux par l'abandon de leur cœur, que par la turbulence ou la pétulence de leur eſprit.

Unir de pareils êtres à d'autres dont les ſentimens ont été autant négligés, & dont l'eſprit a été uniquement tourné à la vanité de la parure pour en faire fon occupation la plus importante jufqu'à cette union ; c'eft mêler des chofes incompatibles.

Les premiers tendent fans ceffe à fortir du vuide d'une inftitution nulle , parce qu'ils n'ont pas été dégradés par cette futilité des plus vaines ; mais les autres font de ce vuide un objet férieux qu'elles regardent comme moyen unique de leur établiffement ; & que , par un effet de leur éducation vicieufe , & de la nôtre , elles eftiment encore prefque toute leur vie comme le point effentiel de leur exiftence.

Enfin , l'on a fenti le befoin de former de plus heureux affortimens de la poftérité actuelle , & je vais tâcher de tracer pour nos enfans , d'où dépend principalement le bonheur de nos petits-fils , une route plus fûre de la félicité & de la gloire.

Le Gouvernement aujourd'hui citoyen , eft intéreffé à tarir promptement cette fource capitale du mal , & à ouvrir au plutôt celle de tous les biens dans une Education Nationale.

Je lui offre un Plan qui peut s'exécuter dans trois mois par tout le Royaume ; qui eft propre à l'un & à l'autre fexe, & à toutes les conditions de la fociété.

D'abord , on auroit une infinité de vaftes Ecoles & Penfionnats, tous prêts, dans les Couvens des

Religieux & des Religieuſes qui ne demandent pas mieux d'en ſortir y étant trop iſolés par le petit nombre auxquels ils ſont réduits. Ces vaſtes Maiſons, en partie louées à diverſes Fabriques par des Economes Intéreſſés, deviendroient par leur étendue des Licées de la Patrie, plus convenables à toute ſorte d'Inſtructions, que les antres obſcurs & mal-ſains de la Muſe latine.

Enſuite, pour trouver de bons Gouverneurs & de ſages Gouvernantes, ce ſeroit au Public à les indiquer dans chaque Ville à un Bureau compoſé des Peres de famille les plus éclairés. L'on n'admettroit qu'au ſecond rang, dans ce Bureau, les Eccléſiaſtiques, parce que leur zele ne peut être qu'inférieur à celui des peres, & leurs connoiſſances trop éloignées de celles du Monde, ainſi que leur intérêt de celui de la Poſtérité, à moins qu'on ne leur rendît le plus noble privilege de l'homme d'y participer.

Il ne faudroit à chaque Maiſon d'Education qu'un Supérieur ou Supérieure, deux Gouverneurs ou Gouvernantes, & un Econome, ſoit que ce fût un Penſionnat ou un ſimple College.

L'inſpection du Bureau des peres de famille vivifieroit ſans ceſſe ces établiſſemens, en les ſurveillant à la maniere dont Dieu obſerve nos voies, en ſe cachant : ainſi toutes les Maiſons d'éducation auroient des obſervatoires ſecrets dans tous les Lieux d'Exercice, afin que les Eleves & les Maîtres se regardassent sans cesse sous les yeux du Public, comme le vouloit un Philosophe de sa Maison.

Cette institution réuniroit ainsi les avantages de la sollicitude de l'Education Paternelle & ceux de la Regle & de l'Emulation d'une bonne Ecole.

J. J. Rousseau recommande essentiellement le premier de ces points dans ses conseils au Prince de Wirtemberg, à l'égard de l'Education Domestique de sa Fille ; & le second dans ses Observations sur la Pologne , touchant l'Education Publique. Ces deux objets importans sont réunis dans ce Plan ; & de la maniere dont je pourvois à chacun, ils ne peuvent avoir que le plus grand effet, soit dans l'une ou l'autre Education.

DES Jeux, Préludes des Arts, précedent les études de ceux-ci durant les Sept premieres Années de la vie dans le plan que j'ai remis à Mr. le Comte de Mirabeau, pour être présenté à Mr. Neker.

Mais comme tous les jeunes garçons & les jeunes filles n'ont point suivi cette méthode qui applanit si fort la route des sciences ou des talens utiles , comme l'ont heureusement expérimenté les Vaucanson & les Wattelet, avec tous les personnages distingués dans les Arts de l'un ou de l'autre sexe ; je vais tirer mon plan en racourci pour le profit de la Jeunesse dont il est question ; en mêlant les Jeux Artistes avec les Etudes , ou même avec des fimples Lectures ; & raffembler dans la brieveté du temps qui refte à nos enfans ; au moins tous les objets d'une Inftruction plus Détaillée.

Cette Education Senfible, Génerale & Concife, eft peut-être plus convenable à la vivacité du jeune âge des Deux Sexes, & à fa légéreté, & aux divers événemens qui peuvent retarder ou interrompre l'éducation, que la dure inflexibilité d'une inftitution qui taille tous les fujets à fa mefure, & ne fait pas fe proportionner à toute forte d'âge des Eleves.

Je fuis charmé que cette confidération réduife mon plan pour le Beau Sexe, de maniere à ne lui faire prendre qu'une Idée Générale, mais fenfible, des Principaux Arts de la Société, afin de me conformer à l'Avis de ceux qui penfent, qu'il ne lui en faut pas davantage pour nous plaire, en lui donnant pour ces Arts un fimple goût de curiofité, qui l'affectionne à notre fociété, & nous le rendre plus intéreffant par-là, fans le détourner des fonctions qui lui font particulieres & vifiblement marquées fuivant fa Conftitution.

L'ordre des Claffes que je propofe, doit donc être relatif aux trois Epoques de l'Age auquel on applique ordinairement la Jeuneffe à l'Inftruction, c'eft-à-dire, de 8 à 10 Ans, ou de 10 à 12, & delà jufqu'à 15, terme naturel d'une Inftitution Elémentaire.

EXERCICES DE LA Iʳᵉ. CLASSE.

1ᵉ. *Lecture.*

PAR les figures de Berthaud, augmentées par M. Million, mais sans cartes ou fiches, ce qui est plus hâtif pour les enfans qui ont assez d'imagination pour se souvenir d'un tableau de douze figures ; les autres ne peuvent s'en passer.

Cette méthode est la plus agréable pour les Eleves & pour les Maîtres, les dispensant également de toute observation ; elle est encore la plus courte & la plus efficace, quoiqu'elle enseigne en même temps, sans aucune regle de prosodie, à prononcer parfaitement le françois & même le latin. Tel fut le jugement qu'en donna l'Académie Françoise, & je l'ai expérimenté sur l'un de mes enfans.

2ᵉ. *Écriture.*

Suivant la méthode de Locke, dont ont usé avec succès mes enfans, au moyen de modeles en écriture rouge, que je leur avois fait faire, & qu'ils suivoient avec une plume trempée en noir.

On pourroit fuivre avec plus d'économie cette méthode fur des modeles en noir qu'on mettroit fous du papier bien fin, & ces modeles étant ordinairement gravés, coûtent peu.

3ᵉ. *Récits & Lectures.*

Des Contes de l'*Ami des Enfans* & du *Māgafin des Enfans* de Mᵈᵉ· de Beaumont, ou des Etrennes d'un pere par M. Campe. On leur fera des lectures & des récits de ces livres, outre qu'ils s'y exerceront à lire.

4ᵉ. *Deffein, Mufique & Danfe.*

Par imitation, fuivant cette maxime : *maître peu de difcours, mettez toutes vos leçons en exemples* ; d'après encore l'exemple d'Adele & Théodore, & celui plus réel des Confervatoires d'Italie pour ces trois arts, où les maîtres font plus intéreffés à faire avancer leurs éleves que les nôtres avec leurs éternels verbiages.

On ne donnera alternativement chaque jour qu'une leçon d'un de ces arts, pour ne pas furcharger l'efprit des enfans, & ce fera le matin.

Ces arts font non feulement agréables aux riches comme aux pauvres, pour diffiper & fecouer l'ennui des uns & les chagrins des autres ; mais ils peuvent encore leur être utiles fans nuire à leurs occupations, comme chez la plupart des enfans de nos montagnars qui apprennent à jouer de la vielle ou du violon , & ceux du Peuple Anglais qui favent auffi fi bien deffiner qu'écrire.

5ᵉ. Jeux Economiques , Artiftes , Mathématiques.

Ils font préférables , dans les récréations des enfans , par le penchant de l'homme au génie, aux ftupides imitations de notre frivolité. Mallebranche l'avoit apperçu, & d'ailleurs cette remarque eft ancienne & mémorable ; elle appartient aux Grecs, dans leurs propos de table , rapportés par Plutarque.

Ces Jeux feront l'Agriculture , l'Architecture ruftique , civile & navale , l'Economie domeftique , les divers Métiers de l'un & de l'autre fexe ; l'Arithmétique calculatoire ; la Gravure à jour ; la Géométrie & le Lavis des plans par l'ufage de la planchete ; la Phyfique expérimentale ; la Ménagerie ; l'Oftéologie humaine & animale ; la Botanique ; les divers exercices de Gymnaftique ; la Mufique naturelle ; la Peinture & la Géographie.

Wattelet & Vaucanfon ne fuivirent pas une marche fi complette pour développer leur génie. Qu'on juge de leur effet fur nos éleves. J'ai tracé tous les détails de ces Jeux dans mon Plan de Principe.

6ᵉ.

6e. *Travail des mains.*

De l'un & de l'autre sexe demi - heure matin & soir. Il a trop de rapport avec l'activité de la vertu , pour n'en pas confacrer l'ufage & l'habitude dans une éducation nationale , & y former peu-à-peu la jeuneffe. Il procure ou fait le bien - être du corps ; en fatisfaifant & en repofant l'efprit , il le récrée mieux que la plupart de nos jeux frivoles.

7e. *Priere.*

Elle eft l'habitude , le fceau , & le prix de notre nature immortelle , comme *le travail des mains* l'eft de la partie de nous-même qui périt. Delà fon importance , dans la méditation fimple & continuelle de fes objets , qui font tous réunis dans le *Notre Pere* de Jefus-Chrift. Nos éleves ne fauroient s'accoutumer à répéter trop fouvent cette priere de l'amour , de la confiance & de l'humilité , ce qu'ils feront au commencement & à la fin de chaque claffe , en répétant pofement tous enfemble chacune de fes demandes que le Gouverneur prononcera de même fucceffivement.

EXERCICES DE LA IIe. CLASSE.

1er. *Modeles d'Ecriture Inſtruďifs.*

J'EN fournis des plus utiles à faire dans mes extraits de la *Doďrine & Exemples de la Bible.* Ce feront autant de leçons de belle écriture, de ſtyle, de morale & de piété.

Il eſt étonnant que l'Académie Françoiſe, qui a travaillé ſans ſuccès depuis dix ans à faire un livre de ſimple leďure de morale à la portée pour l'enfance, n'ait pas ſongé à puiſer dans ce tréſor d'une inſtruďion univerſélle.

2e. *Exercice de Mémoire.*

En apprenant un pèu à chaque claſſe du matin de tous les jours de la Semaine, pour réciter, à la fin de chaque, un des précédens modeles. On l'enſeignera à la maniere des enfans du Catéchifme ; mais à le débiter ſur un meilleur ton qui facilite d'ailleurs la mémoire par ſa connexion ou ſa dépendance de la raiſon.

3e. *De Langue.*

Leďure commune demi - heure chaque jour & alternativement pour l'une de ces trois langues

Latine , Anglaife & Italienne , des Leçons en exemples qu'en a donné M. Luneau de Bois-germain. Chaque éleve ou de deux en deux au-ront leur livre fous les yeux pour mieux fuivre cette lecture, & être en état de la continuer à tour de rôle.

4e. *Mufique, Danfe, Deffein & Harpe.*

Une Leçon de cet inftrument chaque jour, fans difcontinuer l'ordre alternatif de ces trois der-niers arts pour chaque jour l'un , établi en la claffe précédente.

Je choifis le plus noble & le plus portatif des inftrumens , & en même tems le plus beau pour une inftitution nationale. Cela n'exclud' pas les autres , dont il fera fort aifé d'apprendre quand on faura jouer de celui-là. On en a une méthode excellente par M. Corbelin pour en jouer même feul ; ce qui peut fervir à un éleve ingénieux dont l'éducation a été bien fuivie ; & d'autant mieux par ce plan qui prête les mêmes facilités à l'une qu'à l'autre inftitution , avec fes méthodes méchani-ques. Ainfi Vaucanfon fuppléoit par fon art feul à un plus grand nombre de domeftiques dans fa maifon.

5e. *Travail des mains.*

Une heure matin & foir confiftant en ouvrages , pour chaque fexe , de la couture & la coupe de leurs propres habits.

Durant le travail, lecture publique & à tour de rôle , des ouvrages de M. Campe , des converfations d'Emilie , & des Contes de Mille & Une Nuit pour leur donner le goût de la lecture & celui de la nature & de la vertu avec moins de gêne & de danger que dans la plupart des livres de morale & d'hiftoire deftinés à la jeuneffe , où on enfeigne le mal avec autant d'art & de fineffe qu'en mit le ferpent tentateur d'Eve. Jean-Jacques difoit : » les Romans orientaux ont je ne fais » quoi d'attendriffant que n'a point tout l'apprêt » de notre morale feche.

6ᵉ. *Recréation aux Jeux artiftes.*

A l'iffue de la claffe du matin & après celle du foir en hiver. En été on fera cette derniere immédiatement après dîné pour promener le foir après la claffe ; promenade qui aura lieu en hiver d'abord après le dîner , tant pour les Maifons d'éducation d'externes , que de celles de Penfionnaires , & tant de l'un que de l'autre fexe , fuivant l'ufage des Dames de l'Enfance de Jefus envers leurs Demoifelles Penfionnaires , & dont le Couvent eft celui du Royaume le mieux monté pour l'éducation.

Dans les récréations des Jeux artiftes , on fera

toujours obferver, à chaque éleve , leur ordre progreffif & encyclopédique , fuivant mon plan ; puifqu'ils font mes rudimens d'inftitution fociale dans quelque claffe où l'on fe préfente.

EXERCICES DE LA IIIᵉ. ET DERNIERE Classe.

1ᵉʳ. *Lecture fcientifique durant le travail.*

On la fera à tour de rôle, pendant une heure & demie matin & foir. Ce fera de la *Bibliotheque univerfelle des Dames* ; livre je crois le mieux fait pour donner à la jeuneffe de l'un & de l'autre fexe ce goût vif de l'univerfalité des fciences, fruit de la meilleure éducation & principal objet des Auteurs de cette Bibliotheque pour exciter ce goût dans des grands enfans endurcis même contre la raifon & entichés contre le génie , par la longue ineptie de leur vie.

Ce goût aiguifé par cette lecture & développé par l'exercice continuel des Jeux artiftes, portera nos éleves à mieux reconnoître leurs talens particuliers , que fi on les privoit de ces occafions multipliées d'exercer leur jugement ou leur propre expérience d'une maniere auffi agréable & auffi libre ; car un éleve à qui on donne leçon d'une science étant paffif , prend rarement du goût pour elle. *Il n'y a tel que d'allécher l'appétit & l'affection.*

Je crois que cette méthode d'inftruire , comme en paffant & fuperficiellement en apparence, fera extrêmement favorable à l'âge où l'élaboration des efprits vitaux fe fait , où l'on ne doit pas les enchaîner par la contrainte de l'étude , & où néanmoins il eft important qu'ils prennent un cours direct dans les meilleures habitudes de l'ame. Je fuis tellement enchanté de cette méthode , que je fuis tenté d'enlever à Pierre-Legrand cet éloge que lui donna Dacofta fur le foin qu'il prenoit de faire élever quelques jeunes Seigneurs de fon Royaume, comme le font ceux de tous les autres ; en lui difant, après avoir plié l'angle d'une feuille de papier : *homme de génie efface ce pli fi tu le peux.*

2ᵉ. *Lecture dialoguée à la Claffe du foir.*

Une partie des éleves la fera pendant le travail de l'autre , & celle-ci la relevera à fon tour. Ce fera ordinairement de nos meilleures pieces de théatre où l'on trouve réuni ce que l'Hiftoire a de plus grand & de plus moral. Les traits utiles de la vie privée que la bonne Comédie préfente, inftruiront d'autant plus agréablement nos éleves, que ce fera en riant.

Cet exercice, en leur infpirant l'amour de la vertu, les rendra infiniment propres aux délices du fentiment & aux charmes de la converfation, le premier des talens de la fociété.

La déclamation qui eft la perfection de l'art Oratoire à une infinité d'ufages , & prête mille graces à l'art de perfuader, puifqu'elle donne de l'ame, de la couleur & du mouvement aux penfées, ce qu'à peine la mufique, la peinture & la danfe réunies peuvent faire. C'eft là l'art, en un mot, de la nature humaine ou l'idiome de fon empire fur toute la nature.

Nos éleves s'y exerceront au bout de chaque huitaine, en déclamant un morceau de leurs lectures, à leur choix.

Les premieres de ces lectures feront les Drames de l'Ami des Enfans, ceux de M^{de}. de la Fite & le Théatre d'Education de M^{de}. de Genlis. Enfuite les Drames & Comédies bourgeoifes mêlés de quelques Tragédies, où le fentiment de l'amour foit le moins exalté ; n'étant dans la plupart qu'une fievre des fens auffi indécente que dans Dom Japhet, ou dans Jodelet.

La doctrine des bonnes mœurs ne doit point être fouillée des peintures lafcives des paffions, pour ne pas balancer le charme des unes avec celui des autres dans l'efprit d'une jeuneffe inexpérimentée ; les premieres doivent toujours être peintes des plus belles couleurs que les autres,

& d'un coloris auquel on ne puiſſe pas ſe méprendre.

C'eſt pour cela que je proſcrirai du tems de l'éducation tous les romans des paſſions & d'aventures qui ne conviennent, par amuſement, qu'à ceux qui connoiſſent déja l'aimable vérité.

C'eſt autre choſe les Romans d'inſtruction, comme le *nouveau Robinſon* & la *découverte de l'Amérique* par M. Campe; les *Mémoires du Chevalier de Gaſtines ou l'Ile inconnue*, faits dans le même deſſein; *Numa Pompilius*, *Sethos*, *Thelemaque*, *Adele & Theodore*, peut-être, *Telephe & Anarchaſis*, &c.

3ᵉ. *Recréations en Jeux Artiſtes.*

Ou bien en concerts & danſes à la liberté des éleves. Ceux qui n'auroient pas paſſé par les claſſes ſupérieures, apprendroient des autres par routine quelques-uns des agrémens de ces deux arts, dont l'un plait ſi fort quand on eſt jeune, & l'autre amuſe juſques dans la caducité. D'ailleurs, le goût les fait ſouvent plus valoir que la ſcience.

J'en fais diſcontinuer les leçons dans cette claſſe pour les ſéparer entiérement du but principal de l'éducation, conſiſtant dans les connoiſſances utiles, les ſentimens éclairés & nobles. Comment un ſaltimbanque ou un jeune amateur de figures s'en pénétreroit-il à la veille de choiſir un état ?

Si l'un de ces talens doit être fa profeffion , il a été déja fuffifamment développé dans les claffes précédentes , pour ne pas être étouffé par la fufpenfion d'un couple d'années ; & s'il n'a pas paffé par ces claffes , ce qu'il en verra dans les recréations de ces condifciplines , fuffira encore pour exciter fes talens , s'il y eft difpofé. Que fi la nature ou fes difpofitions ne l'appellent point à l'état de Muficien ou de Peintre , la perfection dans l'étude de ces arts nuiroit aux fpéculations qu'il doit faire fur d'autres qui lui feront plus propres. Tel eft l'effet que doit produire une inftitution véritable ; *car tout dépend des mœurs. & des différentes fortes d'inftructions qu'on aura donnée au citoyen.*

» Plurimum enim interit quibus artibus & qui-
» bus hunc tu moribus inftituas.   *Juvenal, f.* 14.

En conféquence , les jeux artiftes ne pourront être que très-utiles aux difciples de cette claffe qui n'auroient pas paffé par les autres.

4ᵉ. *Lecture unique du Samedi.*

Toujours durant le travail des mains qui fixe l'efprit fans l'occuper ; d'abord d'une lettre de Mᵈᵉ. de Sevigné , modele unique de logique & de ftyle d'un efprit naïf & orné. Delà on paffera à la lecture de l'Hiftoire Naturelle de l'Homme par M. Buchoz , après laquelle on lira les meilleurs livres d'Hygienne , tels que le premier Volume de la *Médecine domeſtique* de Bucham ; l'*Eſſai ſur la Nature & le choix des alimens* par Arburnoth ; les *Etrennes à l'humanité* ; l'*Avis conſervateur du citoyen* ; le *Mémoire ſur les maladies contagieuſes* & les moyens de s'en préſerver ; le *Médecin Philoſophe* ou la maniere de guérir puiſée dans les affections de l'ame & le gymnaſtique ; les *Etrennes d'un Médecin* ou moyens prompts de guérir ; la *Pharmacopée des campagnes* de M. Buchoz ; le *Manuel pour le ſervice des malades* ; enfin l'*Education corporelle des enfans en bas âge* de Deſeſſarts , & l'*Eſſai ſur l'art de nager.*

Quand on ne liroit pas entiérement tous ces ouvrages avant la fin du trienne de cette claſſe , il ſeroit néanmoins important que chaque éleve les connût pour en faire les livres claſſiques de ſa vie , puiſqu'elle dépend des lumieres qui y ſont renfermées , & que leurs Auteurs ont mis à la portée du peuple , en les leur rendant d'un uſage journalier pour ſa conſervation.

Si nous étions encore dans des ſiecles barbares où l'ignorance du vulgaire ſur cette partie fut conſacrée par la tyrannie des Charlatans qui ont affligé juſqu'ici l'humanité , je rapporterois en preuve des lumieres néceſſaires au peuple touchant ſa ſanté & ſes autres avantages perſonnnels , les calculs des projets en ce genre du bon Abbé de St

Pietre ; mais graces à Dieu , c'eſt aujourd'huî par des effets que chacun s'empreſſe à démontrer les avantages d'y voir par ſes propres yeux.

J'eſpere de cette maniere prouver dans un mois une méthode naturelle de l'Inoculation que les gens de l'art ne vouloient point admettre , crainte de s'ôter cette opération , en la rendant trop ai-ſée à quiconque voudroit la pratiquer. Elle ſeroit moins critique qu'avec toutes leurs préparations bannales & illuſoires qui ne ſont propres qu'à déranger un bon tempéramment & à en indiſpoſer un foible. Leurs inciſions ont été ſouvent funeſ-tes & leurs piquures où leurs véſicatoires compli-qués avec le venin du virus ſont toujours cruels & perturbateurs de l'équilibre du ſang & des humeurs.

Enfin , ſur la caution du Ciel que j'ai priſe pour la bonté de mes vues , & l'exemple de la nature que je me ſuis propoſé de ſuivre dès de-main dans cette opération ſur mes cinq enfans , je puis dire d'avance que c'eſt par le contact ſeul en appliquant un bouton véroleux , à leur inſçu , ſous le molet d'une de leur jambe pendant quel-ques heures , durant leur ſommeil, afin de n'être point contrarié par l'agitation des eſprits vitaux , & les fixer ſur ce point unique d'irritation. Ce bouton ſera contenu ſur une petite piece ovale de peau que j'ai bordée de cire pour mieux s'ap-pliquer , & j'y ai couſu deux petites treſſes pour

l'attacher. J'ai fait un capuchon au bout de l'une
de ces attaches pour la paſſer avec une éguille
de bas plus doucement ſous la jambe. Je con-
ſerve , ſuivant l'uſage des inoculateurs , pluſieurs
boutons de petite vérole dans une petite bou-
teille depuis un mois.

Il eſt prouvé que c'eſt l'éloignement de la contagion des parties les plus délicates de la vie qui
fait tout le ſuccès de cette méthode ; mais la
maniere de la pratiquer y contribue plus ou moins ,
même ſur des ſujets attaqués d'autres maladies
qui alors ne réſiſteroient pas à la petite vérole
priſe autrement ; tant un ennemi eſt foible , quand
on le tient éloigné des endroits les plus dange-
gereux, & que pour parler plus ſimplement, on n'ino-
culera qu'aux régions les plus baſſes avec le moins
de levain poſſible ſans aucune ſorte de contuſion ,
ni de remedes de précaution.

Je ne me ſuis décidé à cette pratique que d'a-
près le ſavant article Inoculation de M. Tron-
chain dans l'Encyclopédie, & l'excellent Traité
que vient de publier , avec l'approbation de la Société Royale de Médecine , M. Tudeſc , Docteur
Médecin , *pour rendre l'inoculation à l'état de
ſimplicité qu'elle exige & infailliblement ſalutaire* ;
ce qu'il n'a pas fait tout-à-fait , puiſqu'il n'a pas
renoncé à l'uſage de la lancete ; ce qui l'auroit
rendue non ſeulement plus infailliblement ſalutaire , mais encore vulgaire : ſans laquelle qualité ,

elle ne fervira jamais qu'à répandre la contagion & la mort parmi les citoyens , & à faire regarder les Inoculateurs , comme des incendiaires perpétuels ; tant que leur avidité leur fera enfreindre les loix de fûreté publique que la fageffe du Prince leur a impofées dans les lieux peuplés.

EXERCICES DE PIÉTÉ
Pour le Dimanche.

Quand on traite d'un Réglement d'éducation pour les jours ouvriers , on doit s'occuper effentiellement du jour du repos , confacré chez toutes les Nations par le culte public ; mais fi l'on n'a pas attention de mettre ce culte à la portée des enfans , l'on imite ces fottes mamans qui menent leurs enfans dans leurs vifites , où ils ne peuvent prendre aucune part , ou plutôt ces fanatiques politiques qui ne permettoient un culte public qu'à ceux de leur Eglife.

Les Jéfuites, fi experts dans l'art de gouverner les hommes , puifqu'ils gouvernoient les Rois, quand ceux-ci étoient incapables de conduire leur peuples , donnoient à la Religion toute forte de forme pour la mettre à la portée de tous les efprits & de tous les cœurs. Delà leurs différentes

Congrégations des Ecoliers , des Dames , des Meſſieurs & des Artiſans.

A l'Office près que je voudrois en françois , je voudrois rétablir dans toutes les Maiſons d'éducation qu'on fera , l'ordre de la Congrégation des Ecoliers.

Les élégans Abbés , qu'on a ſubſtitué à ces anciens & dignes inſtituteurs , ont d'autres affaires le Dimanche qu'à ſonger à la piété , ſource féconde des vertus privées & publiques.

CONCLUSION

Sur l'uſage univerſel de ce plan.

1°.

On peut l'exécuter non ſeulement dans des Penſionnats pour des jeunes Meſſieurs ou de jeunes Demoiſelles , mais encore dans des Colleges ou des Ecoles pour des enfans du même état & de l'un ou de l'autre ſexe , comme on en voit à Londres pour les Demoiſelles où l'on ſoigne mieux leur éducation , & où auſſi les femmes ſont plus aimables en général qu'en France. *The muſings charmers* : où trouver ce caractere & ſon allure raviſſante parmi nos Dames , à moins de

l'aller chercher fur nos théatres dans les repré-
fentations Anglaifes , & ce mot de *mufings* qui
revient à celui de mufique , ne peint-il pas éner-
giquement le rang où cette Nation place la
douce méditation d'un penfeur ou d'une penfeufe?
Ah ! c'eft là où un homme peut dire à une fèm-
me , comme Pygmalion à fa Statue animée : *c'eft*
moi ! encore moi !

2°.

L'on peut exécuter encore ce plan pour la
jeuneffe de l'Ordre des Artifans , dont il eft important de féparer les Ecoles de celle d'un Ordre,
je ne dirai pas fupérieur ; mais qui doit moins
vivre par état avec lui , afin de leur faire moins
fentir à l'un & à l'autre l'éloignement que met
entr'eux la fortune , & qu'il eft de l'intérêt de
chaque profeffion qui fe maintienne , malgré l'éga-
lité que les fentimens & les lumieres élémentaires
d'hommes & de citoyens mettra nos entre éleves.
Nous les élevons tous indiftinctement dans des
connoiffances & des fentimens , & fur-tout dans
une habitude du travail utile à l'homme & à la
profpérité de toute profeffion; après quinze ans,
nous les licentions pour embraffer celle de leurs
peres , ou celle à laquelle leurs talens particuliers
les appelleront.

Cette éducation, morale & active, diſtribuée dans toutes les claſſes des citoyens & de citoyennes, feroit de tout le Royaume une feule Sparte où les mœurs des citoyens feroient *teintes en laine*, comme dit Plutarque. Ce bon & judicieux Auteur remarque à ce propos que celles des Romains auroient été de même, ſi Numa avoit eu autant d'attention dans ſes loix, à l'éducation, que Licurgue; & il vote, comme nous, par un eſprit de juſtice & d'humanité, dans ſon Traité de l'Inſtitution des Enfans, que ceux de l'une ou de l'autre fortune reçoivent les mêmes ſoins pour les mœurs & l'inſtruction.

3°.

Quant à l'éducation domeſtique ou particuliere, ſi difficile, & pour ainſi dire impoſſible juſqu'à nos jours, par le défaut univerſel de l'éducation des Peres & par les obſtacles que la ſociété y apporte dans la même proportion de ce vice général par le trouble où elle nous jette chaque jour dans nos ménages & nos affaires : ce plan pourvoit à cet inconvénient, inſurmontable autrement, en confiant la premiere enfance qu'on ne peut encore guere inſtruire par le raiſonnement, à la direction méchanique du génie dans mes Jeux artiſtes, tels qu'ils ſont décrits dans le *Plan d'Education par Jeux*, qui doit être actuellement

lement fur les Bureaux de la plus grave affemblée de la Nation.

Cette méchanique du Génie & de la Nature s'exerçant par les Enfans, avec les moindres foins de leurs parens, les livre infailliblement dans la fuite au goût de leurs loix ; car *plus l'ébauche d'un ouvrage eft exacte, plus il eft aifé de l'achever & de le bien finir*, dit le Mentor univerfel. Il ajoute : *les Jeunes-gens apprennent dans la fuite d'eux-mêmes & favent affez bien fe diriger en copiant, en imitant, lorfque dans le commencement ils ont été bien dirigés.* Les Plans & Statuts de Cathérine II pour l'éducation de la Jeuneffe & l'utilité générale de fon Empire, difent : » Il faut inventer divers exercices du corps, diffé- » rens Jeux où même l'efprit puiffe faire un rôle » & s'habituer doucement à bien concevoir, à » raifonner avec quelque jufteffe, le tout fans » s'en douter ; l'oifiveté gâte tout dans un âge » où l'Action peut feule concourir efficacement » à la multiplication des forces *de l'efprit & du* » *corps* ». Oui l'Education doit être le plus ingénieux des Arts, puifqu'elle les renferme tous.

La vraie Inftitution confifte, dit J. J. Rouffeau, à empêcher les Vices de naître. Le moyen en eft de la derniere facilité dans la Bonne Education ; c'eft de tenir toujours les Enfans en haleine, non par d'ennuyeufes Etudes où ils n'entendent rien & qu'ils prennent en haine, par cela feul qu'ils font forcés de refter en place ; mais par des Exercices qui leur plaifent, en fatisfaifant au be-foin qu'à leurs corps, en croiffant, de s'agiter, & dont l'agrément pour eux ne fe bornera pas là.

C'eft cette précieufe & ingénieufe activité que le refpectable Auteur du *Bonheur dans les Cam-pagnes* recommande même à toutes les Claffes de Citoyens pour empêcher l'oifiveté, me re des vices, de naître, en difant : *Qu'un Légiflateur comme un fage Inflituteur, au lieu de tenir les Hommes, ainfi que des malheureux Ecoliers, enfermés dans des triftes murailles, leur faffe refpirer l'air pur des Campagnes ; qu'il attache leurs regards fur le riant tableau de la Nature & les travaux des Cultivateurs ; bientôt ils cherchent à les imiter : ils tracent des Jardins, élevent des Cabanes, & font heureux parce qu'ils font occupés, qu'ils croient faire des Ouvrages durables & utiles, & qu'ils raffemblent & fixent des nouvelles Idées.*

Telle eft l'heureufe Méthode de ce Réglément d'Education & du Recueil de vues Patriotiques qui doit le fuivre afin de conduire, ou de rame-ner les Hommes à la Nature.

Fin du Réglement d'Education Nationale.

www.ingramcontent.com/pod-product-compliance
Lightning Source LLC
LaVergne TN
LVHW020634180726
843502LV00006B/2030